ARISTÓTELES EN 90 MINUTOS

Aristóteles
EN 90 MINUTOS

Paul Strathern

Traducción de
José A. Padilla Villate

Diseño interior y cubierta: RAG

Reservados todos los derechos. De acuerdo a lo dispuesto en el art. 270 del Código Penal, podrán ser castigados con penas de multa y privación de libertad quienes sin la preceptiva autorización reproduzcan, plagien, distribuyan o comuniquen públicamente, en todo o en parte, una obra literaria, artística o científica, fijada en cualquier tipo de soporte.

Título original: *Aristotle in 90 minutes*

Este libro se contrató a través de Ute Körner Literary Agent, S. L., Barcelona –www.uklitag.com– y de Lucas Alexander Whitley Ltd. –www.lawagency.co.uk

© Paul Strathern, 1996

© Siglo XXI de España Editores, S. A., 1999, 2015
para lengua española

Sector Foresta, 1
28760 Tres Cantos
Madrid - España

Tel.: 918 061 996
Fax: 918 044 028

www.sigloxxieditores.com

ISBN: 978-84-323-1715-6
Depósito legal: M-62-2015

Impreso en España

Índice

Introducción 7
Vida y obra de Aristóteles 9
Epílogo 43
Citas clave 55
Cronología de fechas filosóficas
　importantes 65

Introducción

Aristóteles ha sido, quizá, el primero y el más grande de todos los polígrafos. Escribió sobre todo, desde la forma de las conchas marinas hasta la esterilidad, desde especulaciones sobre la naturaleza del alma hasta la meteorología, pasando por la poesía, el arte y hasta la interpretación de los sueños. Se dice que transformó todos los campos del conocimiento que tocó (aparte de las matemáticas, donde Platón y el pensamiento platónico conservaron su preeminencia). Pero sobre todo, a Aristóteles se le atribuye el mérito de haber fundado la lógica.

Aristóteles hizo posible que nuestra comprensión del mundo se desarrollara de manera sistemática, al dividir el conocimiento humano en categorías separadas. Sin embargo, durante los siglos más recientes, el conocimiento se ha expandido de tal manera que esta categorización se convirtió en un serio obstáculo. Tales sistemas de ordenar el pensamiento solo permitían que el conocimiento siguiera caminos predeterminados, muchos de los cuales corrían el riesgo de agotarse. Se necesitaba un punto de vista radicalmente diferente y el resultado fue el moderno mundo de la ciencia.

El hecho de que llevara veinte siglos descubrir estas limitaciones en el pensamiento de Aristóteles demuestra su originalidad sin par, pero además, incluso el abandono del pensamiento aristotélico ha originado muchas preguntas filosóficas fascinantes: ¿cuántas limitaciones de este tipo nos quedan por descubrir?, ¿qué peligro suponen estas imperfecciones para nuestra manera de pensar? y, ¿qué es, exactamente, lo que ellas impiden que conozcamos?

Vida y obra de Aristóteles

Hay una estatua moderna de Aristóteles, pobremente inspirada, en un promontorio que domina la ciudad de Estagira, en el norte de Grecia; su rostro inexpresivo dirige una fija mirada, sobre las encrespadas colinas boscosas, hacia el Egeo azul. La forma prístina de Aristóteles en mármol blanco, casi luminiscente a la brillante luz solar, lleva sandalias y una toga *decolletée,* y soporta un pergamino ligeramente astillado en su mano izquierda. (Se dice que esta lesión fue producida por un profesor de filosofía argentino a la caza de *souvenirs.*) Grabadas en el plinto, en griego, están las palabras «Aristóteles el Estagirita».

Aristóteles nació en Estagira en el 384 a.C. pero, a pesar de la estatua, no vino al mundo en el moderno pueblo de Estagira; según la guía, el acontecimiento tuvo lugar en la antigua Estagira cercana, cuyas ruinas, todavía visibles, me propuse visitar después de mi decepcionante encuentro con la estatua. Las ruinas estaban un poco más abajo siguiendo el camino, según me dijo un bedel que recorría el trayecto de la escuela a su casa, a la vez que me indicaba, con un movimiento de su chubasquero negro, la carretera hacia la costa.

Después de una sofocante caminata de una hora por la larga y sinuosa carretera, con truenos retumbando, entre las colinas rocosas, ominosamente sobre mi cabeza, alguien me llevó finalmente en su coche hasta Estratoni, una misteriosa combinación de lugar marítimo de veraneo y poblado minero. La antigua Estagira quedaba algo apartada de la vieja carretera, un poco más al norte, me dijo un carpintero que estaba reparando un café cerrado, frente a la playa vacía.

VIDA Y OBRA

Pocos coches pasan por esta carretera en octubre, como pronto descubrí, y las tormentas de otoño, cuando finalmente se desatan, pueden ser muy fuertes en esta región. Me refugié durante una hora debajo de un estrecho retallo en la roca, mientras una lluvia torrencial corría por las pendientes desnudas, sin señales de ruinas o vehículos visibles en la oscuridad centelleante que me rodeaba; empapado hasta los huesos, maldecía la estatua que me había dirigido hacia la Estagira equivocada. No era sino un fraude. El moderno pueblo de Estagira no merecía de ninguna manera ser conocido como la cuna de Aristóteles. Por la misma regla de tres, podrían haber erigido una estatua de Juana de Arco en Nueva Orleans.

Aristóteles nació en la antigua Estagira, en la Macedonia griega, en el 384 a.C. En el siglo IV a.C., los antiguos griegos consideraban Macedonia de manera muy similar a como los franceses de hoy tienden a estimar Gran Bretaña y Norteamérica, aunque Estagira no quedaba fuera de los confines de la civilización, puesto que era una pequeña colonia griega fundada por la isla de Andros, en el Egeo.

El padre de Aristóteles, Nicómaco, había sido médico personal de Amintas, rey de Macedonia y abuelo de Alejandro Magno. De resultas de esta relación, que se había convertido en amistad, parece que el padre de Aristóteles llegó a hacerse rico adquiriendo propiedades alrededor de Estagira y en otros puntos de Grecia. El joven Aristóteles fue criado en una atmósfera de saberes médicos, pero su padre murió cuando él era todavía un muchacho y Aristóteles fue entonces llevado a Atarneo, una ciudad griega en la costa de Asia Menor, donde su primo Próxeno se hizo cargo de su educación.

Al igual que muchos herederos, Aristóteles se puso enseguida a gastar todo el dinero recibido. Una leyenda dice que lo fundió todo en vino, mujeres y fiestas, y que se arruinó de tal modo que tuvo que alistarse por un tiempo en el ejército, después de lo cual regresó a Estagira para dedicarse a la medicina; más tarde, a la edad de treinta años, lo dejó todo y se fue a Atenas para estudiar en la Academia con Platón, donde permaneció ocho años. Hagiógrafos medievales posteriores, decididos a santificar a Aristóteles, ignoraron o vilipendiaron estas impensables calumnias. Pero no podía faltar otra leyenda, más aburrida pero también más verosímil, sobre la juventud de Aristóteles, según la cual ingresó directamente en la Academia a los diecisiete años, aunque algunas de las fuentes de esta historia aluden también a un breve interludio de vino y mujeres, como buen señorito calavera.

En todo caso, Aristóteles se asentó temprano en la Academia para un periodo de intenso estudio, y se hizo notar rápidamente como la mente más brillante de su generación; empezó como estudiante, pero fue pronto invitado al círculo de colegas de Platón. Parece ser que al comienzo Aristóteles veneraba a Platón; ciertamente, absorbió toda la doctrina platónica enseñada en la Academia, y su propia filosofía habría de estar firmemente afincada en sus principios.

Pero Aristóteles era demasiado brillante para ser un simple seguidor de nadie, ni siquiera de Platón; siempre que Aristóteles discernía lo que parecía ser una contradicción (o, Dios no lo permita, un fallo) en las obras de su maestro, creía que era su deber intelectual el hacérselo notar. Esta costumbre irritó pronto a Platón, y aunque no parece que se hayan enemistado, hay datos que sugieren que las dos más grandes cabezas de su época encontraron conveniente guardar cierta distancia. Se sabe que Platón se refirió alguna vez a Aristóteles como «esa cabeza con patas», y que llamó a su casa «el taller de lectura»; este último comentario se debe a la famosa colección de pergaminos antiguos que poseía Aristóteles, que tenía el hábito de comprar todos los pergaminos raros de obras antiguas que caían en sus manos, y fue así uno de los primeros ciudadanos en disfrutar de una biblioteca privada.

Se sabe que el joven académico recibía considerables rentas de sus propiedades heredadas y que pronto se dio a conocer en Atenas por sus maneras cultivadas y por su estilo de vida refinado, si bien un tanto profesoral. La tradición dice que era un sujeto flaco, zanquilargo, que hablaba *azi*, ceceando, y que, quizá como compensación, se convirtió en un elegante a la última moda en sandalias y togas, y que ornaba sus dedos de enjoyados anillos del mejor gusto. Hasta Platón, que no era precisamente un indigente, le envidiaba su biblioteca. Pero, no obstante su confortable y refinado modo de vida, las primeras obras de Aristóteles –perdidas– eran, principalmente, diálogos que versaban sobre la innoble futilidad de la existencia y sobre los gozos del más allá.

Aristóteles tenía una inclinación natural por lo práctico y lo científico, lo que le indujo a mirar las ideas de Platón desde un punto de vista cada vez más realista.

Platón pensaba que el mundo particular que percibimos alrededor de nosotros consiste en meras apariencias, y que la realidad última está en un mundo trascendente de ideas semejantes a «formas» o «ideales». Los objetos singulares del mundo obtienen su realidad solo por su participación en el esencial mundo de las ideas. Así, este gato negro que veo echado en una silla es un gato solamente porque participa de la idea fundamental (o forma) de lo gatuno y es negro solo en tanto que participa de la idea (o ideal) de lo negro. La única realidad verdadera reside más allá del mundo que percibimos, en el esencial mundo de las ideas.

Mientras que la manera de ver el mundo propia de Platón era esencialmente religiosa, la de Aristóteles tendía hacia lo científico, lo cual no le hacía proclive a desechar, por irreal, el mundo que nos rodea. Sin embargo, sí persistió en la división de las cosas en substancias primarias y secundarias, solo que para Aristóteles las substancias primarias eran los objetos singulares del mundo y las secundarias las ideas o formas; al principio vaciló sobre cuál de esas substancias era de hecho la realidad última, en parte por respeto a Platón. (Aunque solo fuera por el hecho de que era su viejo profesor quien había, después de todo, dado origen a esta concepción.) Pero Aristóteles se fue convenciendo cada vez más de que vivía en un mundo real y se fue apartando de la visión de Platón.

Con los años, Aristóteles volvió virtualmente del revés la filosofía de Platón, aunque, a pesar de ello, sus teorías metafísicas son ostensiblemente una adaptación de las de Platón. Donde Platón veía las formas como ideas con una existencia separada, Aristóteles consideraba las formas (o «universales», como las llamó) más bien como esencias incorporadas a la substancia del mundo, sin existencia independiente. Aristóteles propuso varios argumentos devastadores contra la Teoría de las Ideas de Platón, pero no parece haberse dado cuenta de que esas críticas eran igualmente devastadoras para su propia Teoría de los Universales. Pero tampoco nadie más parece haberse apercibido de esto, con el resultado de que las teorías de Platón, en gran medida como la doctrina modificada por Aristóteles, llegaron a ser la filosofía dominante en el mundo medieval. Había, por suerte, muchos puntos oscuros y contradicciones aparentes en las obras de Aristóteles, de modo que los eruditos medievales pudieron encontrar alimento para interminables controversias sobre diferentes interpretaciones. Estas disquisiciones sobre errores, herejías, impiedades cismáticas y malas interpretaciones inspiradas por el diablo mantuvieron viva la noción de filosofía, cuando, para todos los efectos e intenciones, esta tarea había muerto (o quizás, más precisamente, entrado en un periodo de hibernación a lo Rip van Winkle). Se ha sugerido, por otra parte, que muchas de estas controversias se originaban simplemente por los errores de los clérigos, y que eran el resultado de la inserción por los copistas medievales de sus propias conjeturas en el lugar de las palabras, ya ilegibles, de los textos carcomidos por los gusanos.

Platón murió el año 347 a.C., dejando así vacante el puesto de rector de la Academia. Una media docena de los más capaces colegas de Platón eran de la opinión de que no había sino un hombre adecuado para posición tan prestigiosa, aunque, por desgracia, cada uno pensaba en un hombre distinto (en él mismo, por lo general), y Aristóteles no era una excepción; para disgusto suyo, el cargo recayó finalmente en Espeusipo, primo de Platón. Espeusipo era famoso por tener tan mal genio que en una ocasión arrojó su perro a un pozo porque ladraba cuando él daba sus clases; se dice también que inventó un arnés para el transporte de teas y que, finalmente, se administró eutanasia a sí mismo después de haber sido objeto de ridículo público en una discusión en el ágora con Diógenes el Cínico. Espeusipo no era, ni por asomo, un igual del intelectual cuyas doctrinas habían de ser el fundamento de todo el pensamiento serio durante los siguientes dos milenios, de modo que Aristóteles abandonó muy enojado Atenas, en compañía de su amigo Xenócrates (otro candidato frustrado).

Aristóteles navegó a través del Egeo hasta Atarneo, donde había pasado su juventud y que era gobernado a la sazón por el eunuco Hermias, un mercenario griego que había conseguido tomar el poder en este pequeño rincón del Asia Menor. En una visita a Atenas, Hermias había quedado muy impresionado por lo que había visto en la Academia, y recibió a Aristóteles con los brazos abiertos. Hermias estaba decidido a hacer de Atarneo un centro de la cultura griega, y Aristóteles se dispuso a aconsejarle sobre los mejores medios para conseguirlo.

La filosofía política de Aristóteles consistía, en su mayor parte, en un examen de los diferentes tipos de Estado y de los mejores métodos de gobierno. Su comprensión de la política era profunda, lo que le inducía a adoptar una actitud pragmática, en abierto contraste con la concepción idealista de Platón. En *La República*, Platón había descrito cómo debería regir su utopía (como cualquier otra utopía, en realidad poco más que una tiranía) un filósofo-rey. Aristóteles, por su parte, describió cómo gobernar un Estado real, trazando líneas efectivas de acción, que a menudo son casi maquiavélicas. Aristóteles conocía cómo funcionaba la política y sabía que debía ser eficaz si había de servir de algo. Esto no quiere decir que estuviera desprovisto de ideales. En general, Aristóteles creía que el objetivo del Estado era producir y sostener una clase de caballeros cultivados similares a él mismo, aunque entendía que esto no es siempre posible. Por ejemplo, para que una tiranía funcione con éxito, su gobernante debe comportarse como un tirano y, en tal Estado policial, no habría lugar para la elite culta de Aristóteles. Con todo, en algún punto sugiere que hay otro método de regir una tiranía, con el tirano asumiendo una postura religiosa y adoptando una política de moderación.

Algunos dicen que este último es el camino que probablemente adoptó Aristóteles cuando asesoraba al tirano Hermias. Esto no es verosímil, en mi opinión, aunque no estoy sugiriendo que Aristóteles habría aprobado los métodos necesarios para mantener una verdadera tiranía, con toda actividad cultural libre prohibida, la población mantenida en el temor y la pobreza, y puesta a trabajar en la construcción de grandes monumentos públicos, con entreactos de guerra que mantuviera alerta a los súbditos y les demostrara la necesidad que tenían de un gran líder. (El análisis de Aristóteles permanece vigente, desde el filósofo-rey de Platón hasta Sadam Husein.)

Aristóteles desarrolló su filosofía política durante sus últimos años, de manera que es probable que en su tiempo de consejero de Hermias se adhiriera a las ideas expresadas en *La República* de Platón. Si esto es así, puede que modificara discretamente en este caso la doctrina de Platón del filósofo-rey. No era necesario que el eunuco-tirano se convirtiera en filósofo, bastaba con que siguiera rigurosamente los consejos de uno.

Aristóteles se aproximaba ya a la mediana edad y, a pesar de su dandismo (que no ha podido tener mucho campo de acción, con solo togas y sandalias donde ejercitarse), era visto como el tipo profesoral seco como un palo; pero entonces, para sorpresa de todos los que le conocían, Aristóteles se enamoró. El objeto de su amor era una joven llamada Pitia, de quien se sabe que era de la casa de Hermias. Algunos dicen que era hermana de Hermias; otros, que una hija adoptiva, y aún otras fuentes, por lo general confiables, pretenden que era originariamente una concubina de Hermias (lo cual, teniendo en cuenta la condición sexual de este, debió ser una sinecura). Estas contradicciones sugieren que pudo muy bien haber sido una cortesana de palacio. ¿Fue este un caso temprano de infatuado profesor enamorándose de su Ángel Azul?

En todo caso, Pitia no era virgen cuando Aristóteles se casó con ella, a juzgar por esta afirmación del segundo: «Una vez que se han casado y se llaman marido y esposa, es del todo incorrecto que el hombre o la mujer sean infieles», lo que implica que antes no está mal. Se encuentra esta declaración entre las observaciones de Aristóteles sobre el adulterio y parece que, en asuntos de índole personal, tenía el hábito de generalizar a partir de su limitada experiencia; en sus notas sobre el matrimonio, afirma que la mejor edad para casarse es la de treinta y siete para el hombre y dieciocho para la mujer, precisamente las edades a las que él y Pitia se casaron. Por muy brillante que haya podido ser Aristóteles, la imaginación no fue siempre su punto fuerte.

No deja de ser irónico que, en su *Poética*, el prosaico Aristóteles exponga la interpretación de la literatura de mayor influencia que jamás se haya escrito, mientras que Platón, con mucho el mejor dotado en lo poético de todos los filósofos, decretara el destierro de los poetas. (Uno se pregunta qué trataba de esconder.)

Aristóteles tenía en alta estima a la poesía y le concedía más valor que a la historia, porque era más filosófica. La historia solo trata de acontecimientos particulares, mientras que la poesía está más cerca de lo universal; aquí parece contradecirse a sí mismo y repetir la visión del mundo de Platón; sin embargo, la célebre declaración de Aristóteles de que la tragedia «despierta piedad y temor para que esas emociones resulten purificadas en la representación» permanece como una penetrante comprensión de la experiencia, a la vez conmovedora y problemática, del drama trágico.

Como era de carácter profundo y esencialmente serio, Aristóteles se encontraba fuera de su ámbito al analizar la comedia; en su opinión, la comedia es la imitación de gente inferior, y la burla, una forma indolora de la fealdad. La estética solo puede intentar ordenar el enredo creado por el arte, y los teorizantes sobre la comedia suelen terminar en terreno resbaladizo; Aristóteles no es una excepción cuando observa: «al comienzo, la comedia no era tomada en serio».

Poco después de su matrimonio, Aristóteles fundó una escuela en Assos, y tres años más tarde se trasladó a Mitilene, en la isla de Lesbos, donde fundó otra escuela. Por entonces estaba Aristóteles muy interesado en la clasificación de animales y plantas; sus sitios favoritos para la caza de especímenes eran los lugares frecuentados por animales en las playas del golfo de Yera, casi cerrado al mar, cuyas aguas azules y tranquilas bajo el monte Olimpo son hoy tan idílicas como han debido ser en aquel tiempo; las laderas se cubren en primavera de una alfombra multicolor de flores y, en época de Aristóteles, había seguramente en las montañas jabalíes, linces y hasta osos: el primer paraíso naturalista para el primer naturalista.

En sus obras sobre la naturaleza intentó Aristóteles descubrir una jerarquía de clases y especies, pero le abrumó el enorme volumen de sus investigaciones; estaba convencido de que la naturaleza tenía un propósito y de que cada característica particular de un animal estaba en él para una función. «La naturaleza no hace nada en vano», aseveró. Habrían de transcurrir más de dos milenios antes de que la biología avanzara más allá de su concepción, con la noción de evolución de Darwin.

Ya entonces había alcanzado Aristóteles la reputación de ser el principal intelectual de toda Grecia. Filipo de Macedonia había invadido recientemente Grecia, uniendo en un solo país soberano las ciudades-Estado en continua riña, y propuso a Aristóteles que hiciera de preceptor de su díscolo hijo Alejandro. Como el padre de Aristóteles había sido médico personal y amigo del padre de Filipo, Aristóteles era considerado como uno más de la familia, así que se sintió obligado a aceptar la oferta real y emprendió de mala gana el viaje a Pella, la capital de Macedonia.

Hoy en día, Pella es poco más que un yacimiento de piedras, algunos mosaicos y media docena de columnas, al lado de la muy transitada carretera principal de Salónica hacia la frontera occidental de Grecia, y es un lugar sorprendentemente anodino, si se considera que fue la primera capital de la antigua Grecia y que, después de que Alejandro Magno se lanzara a su megalómana campaña para conquistar el mundo, pudo incluso haber sido la primera (y última) capital del mundo conocido.

Allí, en el 343 a.C., una de las mentes más brillantes de la humanidad se dispuso a tratar de educar a uno de los más grandes megalómanos de la humanidad. Aristóteles tenía cuarenta y dos años y Alejandro trece, pero no es de extrañar que fuera Alejandro el que se saliera con la suya. El voluntarioso joven no aprendió absolutamente nada de su preceptor durante los tres años que duró su relación; o así dice la tradición. Aristóteles estaba convencido de la superioridad de los griegos sobre todas las otras razas; a sus ojos, el mejor caudillo sería un héroe homérico, como Aquiles, cuya mente hubiera asumido los últimos avances de la civilización griega; pensaba, además, que en la mente del hombre hay la capacidad suficiente para dominar el mundo entero. No se puede negar que Alejandro ofrecía un extraordinario parecido con este diseño, aun cuando no resultó del todo como Aristóteles hubiera deseado; pero solo podemos especular sobre este encuentro de dos mentalidades, acerca del cual, curiosamente, poco se conoce.

Lo que sí se conoce es que, en pago de sus servicios, Aristóteles pidió a Filipo que reconstruyera su lugar de nacimiento, Estagira, que había sido accidentalmente reducida a escombros durante una de las campañas recientes de Filipo en la península Calcídica; hay, también, evidencia de que Alejandro, durante su gran expedición de conquista, envió una selección de plantas desconocidas y un zoo de animales exóticos para que su antiguo preceptor los clasificara. El saber popular sobre horticultura tiene por cierto que así llegaron los primeros rododendros a Europa; si esto es verdad, Aristóteles debe haber clasificado mal la especie: rododendro significa rosal en griego antiguo.

Filipo de Macedonia fue asesinado el 336 a.C. y ascendió al trono su hijo Alejandro, a la edad de dieciséis años. Después de ejecutar rápidamente a todos los otros posibles pretendientes, y de emprender unas cuantas campañas preliminares de *blitzkrieg* en Macedonia, Albania, hacia Bulgaria y más allá del Danubio, por el norte, y por el sur, a través de Grecia (reduciendo Tebas a ruinas humeantes *en route*), Alejandro se lanzó a su campaña hacia la conquista del mundo conocido. Esto incluía, en la práctica, el norte de África, Asia hasta Tashkent y el norte de la India; por suerte, las lecciones de geografía de Aristóteles no habían mencionado China, cuya existencia era desconocida en Occidente en ese tiempo.

Ahora que Alejandro tenía otras cosas en que ocupar su mente, no era ya requerida la presencia de Aristóteles, de modo que se le permitió regresar a su casa de Estagira; pero, antes de dejar Pella, Aristóteles recomendó a Alejandro su primo Calístenes para el empleo de intelectual de la corte. Este acto de generosidad pudo resultarle fatal. Calístenes era algo bocazas y Aristóteles, antes de partir, le aconsejó que no hablara demasiado en la corte. Calístenes acompañó, como historiador oficial, a Alejandro en su campaña de vencedor del mundo. Cuando se abrían camino batallando a través de Persia, parece que las habladurías de Calístenes le hicieron caer en la acusación de traición, con lo que Alejandro le encerró en una jaula portátil. Según Calístenes se arrastraba en su jaula al lado del ejército, su cuerpo se iba llenando de llagas e insectos, hasta que finalmente Alejandro sintió tanto asco al verlo que lo arrojó a los leones. Como todos los megalómanos triunfadores, Alejandro tenía su lado paranoide: culpó a Aristóteles de la traición de Calístenes. Se dice que Alejandro estuvo a punto de firmar la sentencia de muerte de Aristóteles, pero al fin se olvidó de todo esto y, en su lugar, se dispuso a conquistar la India.

Después de pasar cinco años en Estagira, Aristóteles regresó a Atenas. El año 339 a.C. murió Espeusipo y quedó de nuevo vacante el puesto de rector de la Academia. Esta vez, el cargo le fue asignado a un viejo amigo de Aristóteles, Xenócrates, un individuo conceptuado como austero y digno, a pesar de que en una oportunidad se le había concedido la corona de oro «por su proeza en la bebida en la Fiesta de los Jarros». (Xenócrates moriría veinte años más tarde al tropezar una noche y caer dentro de un tonel de agua.)

Aristóteles se irritó tanto por haber sido de nuevo postergado que decidió fundar una escuela rival propia, la cual estableció en un gran gimnasio fuera de las murallas de la ciudad, al lado del monte Licabeto. El gimnasio estaba adscrito a un templo vecino consagrado a Apolo Liceo (Apolo en forma de lobo) y, por esta razón, la escuela fue llamada Liceo. El nombre pervive hasta el día de hoy muy apropiadamente en la palabra francesa *lycée*, pero no se sabe muy bien por qué la gran escuela de Aristóteles ha de ser conmemorada en nombres de salas de baile o teatros. En el Liceo original de Aristóteles se enseñaba una gran variedad de materias, mientras que el baile de salón y la interpretación teatral no alcanzaron completo rango académico hasta el siglo xx, en el Medio Oeste norteamericano.

El Liceo se asemejaba a una moderna universidad mucho más que la Academia; cada diez días se elegía un nuevo principal del consejo de estudiantes; facultades distintas competían en la captación de estudiantes; y hasta se hicieron intentos por fijar un horario. El Liceo investigaba en las diferentes ciencias y transmitía sus descubrimientos a los discípulos, mientras que la Academia estaba más interesada en proporcionarles una base en política y leyes para que pudieran llegar a ser los futuros gobernantes de la ciudad. El Liceo era como el MIT (o incluso el Instituto de Estudios Avanzados de Princeton) de entonces, mientras que la Academia se parecía más al Oxford o la Sorbona del siglo XIX.

Las diferencias entre el Liceo y la Academia ilustran con justeza las que hay entre las filosofías de Aristóteles y Platón; mientras que Platón escribió *La República,* Aristóteles prefería recoger copias de las constituciones de todas las ciudades-Estado griegas y seleccionar los mejores puntos de entre ellas. El Liceo era la escuela donde acudían las ciudades-Estado cuando deseaban escribir una nueva constitución. Ninguna trató de instaurar la república.

Por desgracia, el exhaustivo estudio de la política por parte de Aristóteles se había vuelto ya prácticamente sin objeto, nada menos que por obra de su peor discípulo. La faz del mundo estaba cambiando de manera irreversible: el nuevo imperio de Alejandro acabó con la época de las ciudades-Estado, de forma similar a como, hoy en día, la confederación continental de Europa bien puede estar a punto de ser el fin del Estado-nación independiente europeo. Ni Aristóteles, ni ninguno entre la galaxia de intelectuales reunidos en las escuelas de Atenas, parecen haber notado este gran cambio histórico, con una falta de visión igual a la de los intelectuales del siglo XIX, desde Marx a Nietzsche, incapaces de prever la supremacía de EEUU.

Aristóteles daba sus clases mientras caminaba con sus discípulos; de ahí el que a sus seguidores se les llamara peripatéticos (los que caminan de arriba abajo), aunque hay quien sostiene que recibieron ese nombre porque el maestro enseñaba en la arcada cubierta del gimnasio (conocida como Peripatos).

A Aristóteles se debe la fundación de la lógica (2.000 años antes de que apareciera un lógico de nivel similar), era un metafísico casi a la par con Platón y sobrepasó a su maestro en ética y epistemología. (A pesar de ello, Platón le aventaja como pensador originario. Puede que Aristóteles haya dado las respuestas, pero era Platón quien veía las primeras preguntas básicas que deberíamos cuestionarnos.) Como los logros más significativos de Aristóteles fueron en el campo de la lógica, llegó a ver en ella el fundamento sobre el cual basar todo el saber. Platón había entendido que el conocimiento avanzaba por medio de la dialéctica (argumentación conversacional de preguntas y respuestas), y Aristóteles formalizó y adelantó este método con el descubrimiento del silogismo. Según Aristóteles, el silogismo mostraba que «establecidas ciertas cosas, se puede demostrar que otra sigue necesariamente». Por ejemplo, al hacer los dos enunciados siguientes:

«Todos los hombres son mortales.»
«Todos los griegos son hombres.»

Se puede inferir que:

«Todos los griegos son mortales.»

Esto es lógicamente necesario e innegable.

Aristóteles llamó su lógica «analytika», que quiere decir «desatar». Toda ciencia o campo del conocimiento debía comenzar por una serie de principios o axiomas, de modo que las verdades podrían deducirse (o ser desatadas) a partir de estos por la lógica. Los axiomas definían el campo de actividad del objeto, separándolo de elementos irrelevantes o incompatibles. La biología y la poesía, por ejemplo, partían de premisas mutuamente excluyentes; así, las bestias mitológicas no formaban parte de la biología y esta no tenía que escribirse en forma de poema. Tal visión lógica liberó campos enteros del conocimiento, proporcionándoles el potencial para descubrir nuevas verdades. Habían de pasar dos mil años antes de que estas definiciones se convirtieran en una camisa de fuerza que restringía el desarrollo del conocimiento humano.

El pensamiento de Aristóteles fue *la* filosofía durante muchos siglos; se la consideró en la Edad Media como el evangelio, impidiendo así posteriores desarrollos. El pensamiento de Aristóteles construyó el edificio intelectual del mundo medieval, aunque no fue culpa suya que finalmente se convirtiera en una prisión.

El propio Aristóteles no habría permitido esto. Sus obras están sembradas de las inconsistencias propias de una mente en desarrollo, continuamente en cuestión. Prefería investigar cómo funciona el mundo realmente antes que especular sobre su naturaleza. Hasta sus errores ofrecen a menudo una visión poética: «la rabia es el hervor de la sangre alrededor del corazón», «el sol hace los ojos azules». A la manera verdaderamente griega, la educación era para él el camino hacia adelante de la humanidad, en la creencia de que un hombre educado se distinguía del que no lo era «tanto como un vivo de un muerto»; pero su comprensión de la importancia de la educación no era la de un optimista superficial: «Es un adorno en la prosperidad y un refugio en la adversidad». Es posible que terminara pareciendo un poco pedante, si bien da muestras de haber conocido su porción de sufrimiento. Fue profesor toda su vida y nunca buscó un empleo oficial y, sin embargo, ningún hombre, en toda la historia de la humanidad, ha producido un efecto tan duradero sobre el mundo, y probablemente seguirá siendo esto así hasta la llegada del maligno personaje que presione el botón nuclear.

En esto tenemos suerte, pues Aristóteles parece haber sido un hombre bueno; creyó que la finalidad de la humanidad era la búsqueda de la felicidad, que definió como la realización de lo mejor de lo que somos capaces. Pero, ¿qué es eso mejor? Según Aristóteles, la razón es la más alta facultad del hombre, por lo tanto, «el mejor (y el más feliz) de los hombres emplea el mayor tiempo posible en la actividad más pura de la razón, que es el pensar teorético». Es esta una visión profesoral bastante inocente de la felicidad: el hedonismo como una búsqueda puramente teorética. Pocos en el mundo real suscribirían esta opinión. Se le podría replicar que el discípulo de Aristóteles, Alejandro, buscó la realización de lo mejor de que era capaz, infligiendo en el proceso sufrimientos y muerte a miles y miles de hombres, pero también se podría argumentar que Aristóteles intentó poner un límite a tales excesos con su famosa doctrina del justo medio.

Según esta doctrina, toda virtud es la media entre dos extremos; por desgracia, esto solo conduce a la mediocridad o al juego de palabras. Aseverar que decir la verdad está a medio camino entre decir la mentira y corregir una falsedad es ingenioso, pero éticamente vacío. (Aristóteles no sostuvo esto, pero habría necesitado algo parecido para llenar el vacío de su argumento sobre la media.)

Durante los años últimos de Aristóteles murió su mujer, Pitia. Evidentemente, le iba el matrimonio puesto que se casó entonces con su criada Herpilis, que habría de ser la madre de su primer hijo, Nicómaco. En el 323 a.C. llegaron noticias a Atenas de que Alejandro había muerto en Babilonia, al final de un prolongado asalto a la bebida con sus generales. Los atenienses siempre habían sobrellevado mal la dominación de los primitivos macedonios y dieron rienda suelta a sus sentimientos a la muerte de Alejandro. Aristóteles, que había nacido en Macedonia y que era famoso por haber sido preceptor de su hijo más capaz, fue víctima de una ola de pasiones anti-macedonias. Fue procesado con cargos falsos de impiedad; su acusador, el hierofante

Eurimedonte, citó el elogio que había escrito veinte años atrás a la muerte de su benefactor, el eunuco Hermias de Atarneo. El populacho reclamaba víctimas y Aristóteles habría sido con seguridad condenado a muerte; pero no estaba hecho de la misma pasta que Sócrates y no sentía inclinación por el martirio, así que, prudentemente, se escapó de la ciudad, para evitar que Atenas «pecara dos veces contra la filosofía».

No fue esta, sin embargo, una decisión fácil, puesto que implicaba abandonar su amado Liceo para siempre. Privado de su biblioteca y del acceso a sus archivos personales, el avejentado profesor se retiró a una propiedad, en Calcis, que había heredado de su padre. Esta ciudad está situada a unos cuarenta y cinco kilómetros al norte de Atenas, en la larga isla de Eubea, en el punto en que un estrecho canal la separa de tierra firme. Las aguas de este canal presentan un fenómeno inexplicado; a pesar de que el Egeo es un mar prácticamente sin mareas, una corriente rápida corre a lo largo del canal y cambia de dirección, por ninguna razón conocida, hasta una docena de veces al día. Un persistente mito local dice que Aristóteles pasó muchos días torturando su mente en busca de una explicación del fenómeno y que, al verse, por primera vez en su vida, derrotado, saltó al agua y se ahogó.

Otras fuentes más confiables registran que Aristóteles murió el 322 a.C. a la edad de sesenta y tres años, un año después de su llegada a Calcis; se dice que murió de una enfermedad del estómago, aunque hay quien pretende que se suicidó con un extracto venenoso sacado del acónito; el acónito se usaba a veces como medicina, lo cual me sugiere, más que el suicidio, una sobredosis accidental o bien eutanasia autoadministrada; aunque es muy posible que su amarga frustración por la pérdida del Liceo le perturbara hasta el punto de considerar que la vida no merecía la pena.

El testamento de Aristóteles comienza con las inmortales palabras: «Todo irá bien, pero en caso de que algo sucediera...». Prosigue dando instrucciones para el cuidado de sus hijos y concediendo la libertad a sus esclavos; informa entonces a su albacea de que, si Herpilis desea casarse otra vez, «debería ser dada a alguien no indigno». El autor de este documento se revela como un hombre prosaico, decente, en ningún modo pervertido por ser el vehículo de un genio supremo; termina su testamento con la petición de que se destine parte del dinero que lega a erigir sendas estatuas de Zeus y Atenas de tamaño natural en Estagira.

No descubrí ningún rastro de tales estatuas cuando por fin llegué, durante la cola de una tormenta aquella aciaga tarde, a las piedras dispersas, lavadas por la lluvia, de la antigua Estagira. Cuando vagaba sin rumbo por aquellas colinas dejadas de la mano de Dios, me sorprendí recordando las ideas de Aristóteles acerca de la naturaleza de la comedia, según las cuales, lo ridículo no es más que una forma indolora de fealdad. Entumecido de frío, no era yo una bella visión; me di cuenta de cuánto hay todavía de aprovechable en el pensamiento de Aristóteles, al menos en lo que a lo ridículo se refiere.

Epílogo

Al verse obligado a huir de Atenas el 323 a.C., Aristóteles dejó el Liceo a cargo de Teofrasto. Según algún escrito de la época, Teofrasto se había enamorado del hijo de Aristóteles, que había sido discípulo suyo, pero Aristóteles no pensó, al parecer, que este antiguo riesgo ocupacional descalificaba a su sucesor. Teofrasto preservó la continuidad del Liceo después de la partida de su fundador, y la Escuela Peripatética de filósofos hizo pronto honor a su nombre, desperdigándose por todo el mundo clásico y expandiendo la filosofía de Aristóteles por doquier.

Sin embargo, hubieron de transcurrir tres siglos antes de que sus obras fueran recopiladas en la forma en que hoy las conocemos. El *opus* de Aristóteles puede dividirse en dos grupos: lo que escribió para su publicación y las notas de clase en el Liceo (cuya publicación no estaba prevista). El primer grupo se ha perdido sin remedio, de modo que las únicas obras de Aristóteles que han llegado hasta nosotros son las del segundo grupo, que originalmente estaban en forma fragmentada en cientos de rollos. Fueron organizadas en libros distintos por Andrónico de Rodas, el último director del Liceo. A Andrónico debemos que la palabra «metafísica» sirviera de título a un grupo de las obras de Aristóteles; estas no tenían título originalmente y simplemente estaban situadas después de los trabajos sobre física, así que Andrónico las llamó sin complicarse mucho «después de la física», que en griego antiguo se dice «metafísica». Las obras de esta sección consistían en los tratados de Aristóteles sobre ontología y la naturaleza última de las cosas, y estos temas fueron

EPÍLOGO

pronto identificados con la etiqueta que se había puesto al conjunto: metafísica, de manera que esta palabra, que a lo largo de los siglos ha llegado a ser sinónimo de la propia filosofía, no tenía originalmente nada que ver con la filosofía de que se ocupaba. Al igual que la propia filosofía, comenzó con un error, y así ha continuado floreciendo siempre desde entonces.

Durante la época clásica, Aristóteles no era tenido por uno de los grandes filósofos griegos (a la par de Sócrates o Platón); en tiempo de Roma, se le consideraba un gran lógico, pero el resto de su filosofía resultó eclipsado por (o absorbido en) el neoplatonismo en evolución, que, a su vez, fue absorbido en su mayor parte, con el transcurso de los siglos, por el cristianismo.

Los pensadores cristianos se apercibieron de la utilidad de la lógica aristotélica, y así fue como Aristóteles pasó a ser la autoridad suprema para el método filosófico.

La lógica aristotélica fue la base de todo debate teológico coherente a lo largo de la Edad Media. Jóvenes y prometedores intelectuales monásticos se dedicaban a hacer filigranas con los razonamientos lógicos, y las mentes más brillantes usaban esta pericia en la caza de herejías. La intachable teológicamente lógica de Aristóteles se hizo parte del canon cristiano.

En paralelo con el desarrollo, en la Europa cristiana, del pensamiento de Aristóteles, ocurrió otro desarrollo no menos importante en Oriente, que había de ejercer honda influencia en la Europa medieval.

El corpus de la obra de Aristóteles permaneció perdido para el mundo occidental durante los tempranos siglos del primer milenio d.C.; solo los sabios del Oriente Medio continuaban estudiando toda su filosofía. El siglo VII vio el surgimiento del islam y la consiguiente expansión árabe con la conquista del Oriente Medio y Próximo. Los intelectuales musulmanes reconocieron rápidamente los méritos de las obras de Aristóteles, no viendo en ellas conflicto con su fe religiosa, y se pusieron a interpretarlas para sus propios fines. Las enseñanzas de Aristóteles fueron absorbidas hasta el punto de que casi toda la

EPÍLOGO

filosofía musulmana se derivaba de interpretaciones de su pensamiento. Los árabes fueron los primeros en entender que Aristóteles era uno de los grandes filósofos. Mientras que el mundo occidental se hundía en la Alta Edad Media, el mundo islámico continuaba desarrollándose intelectualmente. Un índice de esta rica herencia son las palabras que hemos tomado de los árabes, tales como álgebra, alcohol y alquimia, así como todo nuestro sistema de numeración.

Dos grandes sabios musulmanes se dedicaron a desarrollar la filosofía de Aristóteles. Abu Ali Al-Husayn Ibn Abd Allah Ibn Sana (más conocido, por suerte, como Avicena) nació en Persia a finales del siglo X. Avicena fue uno de los más grandes filósofos-científicos del mundo musulmán; sus voluminosas obras de medicina se cuentan entre las mejores jamás escritas, y representaron nobles intentos de librar la medicina de la charlatanería de la que no había podido desembarazarse aún del todo. Intentó una tarea similar con las obras de Aristóteles; observó varios problemas que Aristóteles había pasado por alto e incluso les dio las soluciones que el mismo Aristóteles habría dado de haberlos notado. Sus intentos por hacer más sistemático el pensamiento de Aristóteles son magistrales y atan muchos cabos sueltos, si bien, por desgracia, cerraba opciones que Aristóteles había deseado dejar abiertas. Aristóteles sabía que no podía saberlo todo; Avicena pensaba de otro modo.

El otro gran comentarista musulmán de Aristóteles fue Averroes, quien vivió en la España musulmana del siglo XII y fue el médico y filósofo personal del califa de Córdoba. Averroes estaba convencido de que la filosofía, y en particular la filosofía de Aristóteles, era el camino genuino hacia la verdad; las revelaciones de la fe eran una forma inferior de llegar a Dios; la razón era muy superior a la fe.

Un día, el califa preguntó a Averroes cómo habían comenzado a existir los cielos; el filósofo se vio obligado a confesar que no tenía una respuesta a esa pregunta. (Conducta no siempre aconsejable con un califa que paga para ob-

EPÍLOGO

tener respuestas.) Por suerte, el califa respetó la honestidad de Averroes y le envió a que encontrara la respuesta en Aristóteles.

Durante los treinta años siguientes, Averroes escribió una corriente incesante de comentarios e interpretaciones a la obra de Aristóteles. (Aunque, prudentemente, nunca volvió con una respuesta a la pregunta original del califa: el califa mismo se había pronunciado ya sobre la materia.) No obstante, Averroes sí dio algunas respuestas a Aristóteles, aduciendo incluso argumentos de Aristóteles en apoyo de su punto de vista (a menudo en contradicción con el de Aristóteles).

Este fue justamente el tipo de aproximación que sedujo a los sabios cristianos medievales, que enseguida se apercibieron de su utilidad para la persecución de herejes. Traducciones de los comentarios de Averroes sobre Aristóteles circularon por París, el gran centro del saber de la época; pero no pasó mucho tiempo sin que los «averroístas», como se les llamaba, se encontraran con problemas. Si bien Aristóteles había sido aceptado por la iglesia cristiana, estas nuevas enseñanzas basadas en él parecían sospechosamente heterodoxas. En el conflicto entre razón y fe no se podía dudar de la supremacía de la fe. Los averroístas se enfrentaron a la perspectiva de acusación de herejía, y la única manera como pudieron defenderse fue usando razonamientos de la misma fuente que la de la herejía, esto es, los escritos de Averroes.

Por suerte, la situación pudo ser remediada por Tomás de Aquino, el sabio medieval más grande de todos, que supo agenciar una componenda. La razón debe en verdad ser libre de seguir sus propias leyes inexorables, pero solo dentro de los límites de la fe. La razón sin la fe no es nada.

Tomás de Aquino sentía una honda atracción por Aristóteles y supo reconocer su inmenso valor; dedicó gran parte de su vida a reconciliar la filosofía de Aristóteles con la de la Iglesia y, al final, tuvo éxito en establecer el aristotelismo como la base de la teología cristiana. Este fue el comienzo y, a la vez, el final del aristotelismo.

EPÍLOGO

La Iglesia católica declaró que las enseñanzas de Aristóteles –tal como eran interpretadas por Tomás de Aquino– eran La Verdad, y solo podían ser negadas bajo acusación de herejía. (Situación que permanece vigente hasta el día de hoy.) Gran parte de la filosofía de Aristóteles se refería al mundo natural y era, por tanto, científica. La ciencia, como la filosofía, hace afirmaciones que parecen ser verdaderas, pero que con el tiempo se demuestran erróneas; tienen que ser modificadas a medida que aumenta nuestra comprensión del mundo. Al declarar que las obras de Aristóteles eran libros sagrados, la Iglesia se metió a sí misma en un rincón (un rincón de la Tierra plana, por cierto). El conflicto que se avecinaba entre la Iglesia y los descubrimientos científicos era, por tanto, inevitable.

Aristóteles no era responsable del conflicto entre razón y fe, conflicto que no fue resuelto satisfactoriamente en el pensamiento occidental hasta el siglo xx.

Aunque el pensamiento aristotélico haya fenecido, el propio Aristóteles ha seguido desempeñando un cierto papel en la filosofía moderna. Thomas S. Kuhn, filósofo de la ciencia contemporáneo y profundo admirador de Aristóteles, se asombró de que un genio tan inmenso pudiera cometer errores tan de bulto. Por ejemplo, a pesar de que algunos filósofos anteriores a él se habían apercibido de que la Tierra orbitaba alrededor del Sol, Aristóteles estuvo siempre seguro de que la Tierra era el centro del universo (un error que obstaculizó gravemente el conocimiento astronómico durante más de un milenio y medio). El pensamiento científico sufrió igualmente por la creencia de Aristóteles en que el mundo consta de cuatro elementos primarios: tierra, aire, fuego y agua. El estudio que hizo Kuhn de los errores aristotélicos le llevaron a formular su noción de paradigma, concepto que revolucionó la filosofía de la ciencia (y que ha tenido aplicación también en campos muy distantes).

Según Kuhn, Aristóteles fue conducido a error por la *manera* como él y sus contemporáneos veían el mundo: el paradigma de su pensamiento. Los antiguos griegos veían el mundo como si esencialmente consistiera en cualidades: forma, fin, etcétera. Al ver el mundo de esta manera, los antiguos griegos *tenían que* llegar a muchas conclusiones erróneas, como las que menoscaban incluso el pensamiento de Aristóteles.

La consecuencia que inevitablemente hay que sacar de la noción de paradigma de Kuhn es que no hay una manera «verdadera» de ver el mundo (ni científica ni filosóficamente). Las conclusiones a las que llegamos dependen simplemente del paradigma que adoptamos: la manera como decidimos pensar sobre el mundo. En otras palabras, no existe una verdad última.

Citas clave

Hacemos la guerra para poder vivir en paz.
Ética Nicomáquea, 10, 1177b, 5-6

El bien humano resulta ser el ejercicio activo del alma en conformidad con la excelencia o la virtud, y si hay más de una excelencia o virtud, en conformidad con la mejor y más completa. Pero esta actividad debe tener lugar durante el curso completo de la vida, pues una golondrina no hace verano, como tampoco un hermoso día. De igual manera, un día o un breve lapso de felicidad no hacen a un hombre bienaventurado o feliz.

Ética Nicomáquea, 1, 1098a, 16-19

La tragedia es la manifestación de una acción merecedora de una atención grave, implica grandeza y tiene lugar durante largo tiempo, aunque es completa en sí misma... describe incidentes que despiertan piedad y temor, de tal manera que estas emociones son purificadas por la representación.

Poética, 1449b, 24-8

El que estudia cómo se originaron y llegaron a ser las cosas, sea el Estado o cualquier otra cosa, alcanzará la visión más clara de ellas.

Política, 1252a, 24-5

Es, por tanto, evidente que el Estado es una creación de la naturaleza.

CITAS CLAVE

Y es una de las características del hombre que solo él posee el sentido del bien y el mal, de la justicia y de la injusticia, y el juntarse seres vivos que tienen este sentido es lo que da origen a la familia y al Estado.

Política, 1253a, 2-18

La noción de Estado precede naturalmente a la de familia, o la de individuo, pues el todo debe necesariamente ser previo a las partes. Si se prescinde del hombre entero, no se puede decir que permanezca un pie, una mano, a no ser que esta se vea igual que una mano de piedra. Las cosas se definen en general por los actos que realizan y pueden realizar, y tan pronto como cesan esta actividad o poder no es ya lo mismo, solo tiene el mismo nombre. Es, por tanto, obvio que la ciudad precede al individuo, pues dado que un individuo es insuficiente para formar un Estado perfecto, es él respecto de la ciudad lo que la parte es respecto del todo; y aquel que no pueda vivir en sociedad, o no lo necesite porque es autosuficiente, es una bestia o un dios. Todo hombre tiene, pues, un impulso natural de asociarse con otros, y el primero que instituyó la primera sociedad civil hizo un servicio inmenso a la humanidad, poque el hombre, que es el primero de los animales, sería el último sin leyes y sin justicia. Nada es tan difícil de erradicar como la injusticia perpetrada por la fuerza, pero el hombre nace con esta fuerza, que es a la vez prudencia y valor, y que puede ser usada tanto para fines justos como injustos. Quienes abusan de esta fuerza son los seres más inicuos, lascivos e insaciables que se pueda imaginar. De otro lado, la justicia es lo que liga los hombres al Estado, pues la administración de la justicia, que consiste en determinar qué es justo, es el principio ordenador de la sociedad política.

Política, 1253a, 25-40

Los demócratas sostienen que la democracia se basa en lo que decide la mayoría, mientras que los que prefieren la oligarquía piensan que deben decidir los que poseen mayores riquezas. Pero ambos son injustos. Si seguimos lo que proponen unos pocos, encontramos enseguida la tiranía, pues si una persona posee más que ninguna otra, de acuerdo con la justicia oligárquica este único hombre tiene derecho a detentar el poder supremo. De otro lado, si la superioridad en número es el criterio que prevalece, se perpetrará la injusticia con la confiscación de las propiedades de los ricos, que estarán en minoría y no podrán oponerse. El concepto de igualdad, que suscribirán ambas partes, deberá, por tanto, partir de la definición de derecho común a ambos.

Política, 1318a, 19-28

Los objetos de las matemáticas no son substancias de mayor rango que las cosas; preceden a las cosas sensibles solo lógicamente, no en el ser. Los entes matemáticos no son por sí mismo en ningún modo, pero como tampoco son en los objetos perceptibles, no pueden ser en absoluto, o bien ser de un modo especial que no implique el ser independiente. Pues «ser» puede significar muchas cosas diferentes.

Metafísica, 1077b, 12-17

En lo que se refiere a los cuerpos naturales, unos tienen vida y otros no, es decir, algunos son capaces de nutrirse, crecer y decaer. Así, todo cuerpo natural viviente, que debe ser substancia, debe ser además substancia compleja; pero, puesto que es cuerpo de una clase particular –esto es, tiene vida– el cuerpo no puede ser alma. Un cuerpo es sujeto, no algo predicado de un sujeto, y es, así, materia. El alma es, por tanto, substancia en el sentido de que es la forma de un cuerpo natural que tiene vida en potencia. La substancia en este sentido es acto, de modo que el alma es el acto del cuerpo viviente. Pero el acto tiene dos sentidos, similares a posesión del conocimiento y uso del conocimiento. El acto del que estamos hablando es similar a la posesión de conocimiento, pues tanto dormido como despierto es necesaria la presencia de un alma; estar despierto es como usar el conocimiento, mientras que estar dormido es similar a la posesión del conocimiento, sin hacer uso de él.

De Anima, 412a, 17-26

Es obvio que hay causas, y muchas, en verdad. Se descubren cuando se pregunta: «¿Por qué sucedió esto?» Esto nos retrotrae a ciertas cuestiones básicas. Al enfrentarnos con cosas inmutables, nos preguntamos: «¿Qué es esto?». Por ejemplo, en matemáticas se comienza por la definición de línea recta, o número, o algo así. En otros casos podremos preguntar: «¿Qué produjo este cambio?». Como, por ejemplo, en: «¿Por qué este pueblo emprendió una guerra?». La respuesta podría ser: «Por ataques en sus fronteras». O podría ser por la finalidad que se persigue: en otras palabras, luchaban para sojuzgar. En aún otra categoría, cuando las cosas se producen, su causa es la materia. Estas son, evidentemente, las causas. Hay varios tipos diferentes de causa, y todo el que pretenda comprender la naturaleza debería saber cómo descubrirlas. En realidad, hay cuatro tipos diferentes: materia, forma, lo que produce el cambio, y la finalidad.

Física, 198a, 14-24

Así, al ser el movimiento eterno, si hay un primer motor, él también debe ser eterno... y aquí es suficiente suponer que hay un solo motor, el primero en poner en movimiento las cosas estáticas, y este ser eterno es el principio del movimiento de todas las demás cosas.

Física, 259a, 7-14

Aristóteles escribió y pensó tan originalmente acerca de tantas cosas que por fuerza tenía que equivocarse en algunas:

Las gentes que tienen gruesos los bordes de las ventanillas de la nariz son perezosas, como el ganado. Los de nariz ancha en su extremo son insensibles, como los jabalíes. Por otro lado, los que tienen la nariz aguda en su extremo se enfurecen fácilmente, como los perros, mientras que si su extremo es plano y redondo, son magnánimos, como los leones. Las gentes de nariz fina son como los pájaros, pero si la nariz es ganchuda y sobresale desde la frente, tienden a ser desvergonzados, como los cuervos.

Fisionomía, VI, 28-36

Aristóteles hizo mucho por establecer la investigación y categorización científicas. Sus logros son asombrosos, sobre todo si se tienen en cuenta muchas de las convicciones e informaciones corrientes en su época. Él registró algunas:

Se dice que en Arabia hay una especie de hiena que paraliza su presa con su sola presencia. Si esta hiena pisa la sombra de un hombre, no solo le paraliza, sino que le atonta... Hay dos ríos en Eubea; el ganado que bebe en el llamado Cerbes se vuelve blanco y el que bebe en el Neleus, negro... El río Rin corre en dirección opuesta a los otros ríos, hacia el norte, donde viven los alemanes; sus aguas son navegables en verano, pero en el invierno están heladas, de tal modo que la gente puede caminar sobre él como en tierra.

Cosas maravillosas que se cuentan, 145, 168

Cronología de fechas filosóficas importantes

Siglo VI a.C. Comienzos de la filosofía occidental con Tales de Mileto.

Final del   Muerte de Pitágoras.
siglo VI a.C.

399 a.C.   Sócrates es condenado a muerte en Atenas.

ca. 387 a.C. Platón funda en Atenas la Academia, la primera universidad.

335 a.C.   Aristóteles funda en Atenas el Liceo, escuela rival de la Academia.

324 d.C.	El emperador Constantino traslada a Bizancio la capital del Imperio romano.
400 d.C.	San Agustín escribe sus *Confesiones*. La teología cristiana incorpora la filosofía.
410 d.C.	Los visigodos saquean Roma, anunciando así el comienzo de la Edad Media.
529 d.C.	El cierre de la Academia de Atenas por el emperador Justiniano marca el final del pensamiento helénico.
Mitad del siglo XIII	Tomás de Aquino escribe sus comentarios a Aristóteles. Época de la Escolástica.
1453	Caída de Bizancio ante los turcos. Fin del Imperio bizantino.

CRONOLOGÍA DE FECHAS

1492   Colón descubre América. Renacimiento en Florencia. Revive el interés por la sabiduría griega.

1543   Copérnico publica *De revolutionibus orbium caelestium (Sobre las revoluciones de los cuerpos celestes)*, donde prueba matemáticamente que la Tierra gira alrededor del Sol.

1633   Galileo es obligado por la Iglesia a retractarse de la teoría heliocéntrica del universo.

1641   Descartes publica sus *Meditaciones*, inicio de la filosofía moderna.

1677   La muerte de Spinoza hace posible la publicación de su *Ética*.

1687   Newton publica los *Principia* e introduce el concepto de gravedad.

1689	Locke publica su *Ensayo sobre el entendimiento humano*. Comienzo del empirismo.
1710	Berkeley publica *Tratado sobre los principios del conocimiento humano*, conquistando nuevos campos para el empirismo.
1716	Muerte de Leibniz.
1739-1740	Hume publica el *Tratado de la naturaleza humana*, y lleva el empirismo a sus límites lógicos.
1781	Kant, despertado de su «sueño dogmático» por Hume, publica la *Crítica de la razón pura*. Empieza la gran época de la metafísica alemana.
1807	Hegel publica la *Fenomenología del Espíritu:* punto culminante de la metafísica alemana.

CRONOLOGÍA DE FECHAS

1818	Schopenhauer publica *El mundo como voluntad y representación*, introduciendo la filosofía hindú en la metafísica alemana.
1889	Nietzsche, que había declarado «Dios ha muerto», sucumbe a la locura en Turín.
1921	Wittgenstein publica el *Tractatus Logico-Philosophicus*, proclamando la «solución final» a los problemas de la filosofía.
1920s	El Círculo de Viena propugna el positivismo lógico.
1927	Heidegger publica *Sein und Zeit (Ser y tiempo)*, anunciando la brecha entre las filosofías analítica y continental.
1943	Sartre publica *L'être et le néant (El ser y la nada)*, adelantando el pen-

samiento de Heidegger y dando un nuevo impulso al existencialismo.

1953 Publicación póstuma de las *Investigaciones filosóficas* de Wittgenstein. Esplendor del análisis lingüístico.

Paul Strathern, escritor y académico, es uno de los más conocidos divulgadores del panorama editorial internacional. Autor tanto de novelas, biografías y libros de viajes, como de ensayos de divulgación, ha enseñado, como profesor universitario, matemáticas, filosofía y poesía moderna italiana.

Títulos publicados en esta serie

Aristóteles en 90 minutos
Berkeley en 90 minutos
Confucio en 90 minutos
Derrida en 90 minutos
Descartes en 90 minutos
Foucault en 90 minutos
Hegel en 90 minutos
Hume en 90 minutos
Kant en 90 minutos
Kierkegaard en 90 minutos
Leibniz en 90 minutos
Locke en 90 minutos
Maquiavelo en 90 minutos
Marx en 90 minutos
Nietzsche en 90 minutos
Platón en 90 minutos
Russell en 90 minutos
San Agustín en 90 minutos
Sartre en 90 minutos
Schopenhauer en 90 minutos
Sócrates en 90 minutos
Spinoza en 90 minutos
Tomás de Aquino en 90 minutos
Wittgenstein en 90 minutos